ASSOCIATION NATIONALE FRANÇAISE
POUR LA
PROTECTION LÉGALE DES TRAVAILLEURS

5, RUE LAS-CASES

LA LÉGISLATION

Australasienne et Anglaise

RELATIVE AUX COMITÉS DE SALAIRES

RAPPORT DE M. BARTHÉLEMY RAYNAUD

Professeur à la Faculté de Droit de l'Université d'Aix-en-Provence

Présenté à la Section de l'Association

PARIS

Au Siège de l'Association

1911

COMITÉ DIRECTEUR DE L'ASSOCIATION

Paul CAUWÈS, doyen de la Faculté de Droit de l'Université de Paris, président honoraire de l'Association.

A. MILLERAND, député, ancien ministre, président.

Ed. BRIAT, secrétaire général de la Chambre consultative des Associations ouvrières de production, membre du Conseil supérieur du travail et de la Commission supérieure du travail dans l'industrie, vice-président.

A. LIÉBAUT, ingénieur, membre du Comité consultatif et manufactures et de la Commission supérieure du travail l'industrie, vice-président.

Raoul JAY, professeur à la Faculté de Droit de l'Université de Paris, membre du Conseil supérieur du travail, secrétaire général.

Léon de SEILHAC, publiciste, délégué permanent du service industriel et ouvrier du *Musée social*, trésorier.

Georges ALFASSA, ingénieur civil, E. C. P.

Louis BARTHOU, député, ancien ministre.

Adéodat BOISSARD, professeur à la Faculté libre de Droit de Paris

François FAGNOT, enquêteur à l'*Office du travail*.

Arthur FONTAINE, directeur du Travail au Ministère du Travail et de la Prévoyance sociale.

Arthur GROUSSIER, député.

Auguste KEUFER, délégué permanent de la Fédération française du Livre.

Abbé LEMIRE, député.

André LICHTENBERGER, directeur-adjoint du *Musée social*.

Henri LORIN, ancien élève de l'Ecole Polytechnique.

Etienne MARTIN-SAINT-LÉON, bibliothécaire du *Musée social*.

Comte A. de MUN, député.

G. PERREAU, ancien député, professeur à la Faculté de Droit de l'Université de Paris.

Eug. PETIT, docteur en Droit, ancien chef du cabinet du ministre du Commerce.

Paul PIC, professeur à la Faculté de Droit de l'Université de Lyon.

Ivan STROHL, industriel.

Edouard VAILLANT, député.

Richard WADDINGTON, sénateur.

SIÈGE SOCIAL : 5, rue Las-Cases, PARIS

La Législation Australasienne et Anglaise
RELATIVE AUX COMITÉS DE SALAIRES

RAPPORT DE M. Barthélemy RAYNAUD

Professeur à la Faculté de Droit de l'Université d'Aix-en-Provence

En inscrivant à l'ordre du jour de ses travaux la question du minimum des salaires, l'Association pour la protection légale des travailleurs, fidèle à ses traditions et à son passé, a voulu, semble-t-il, tout à la fois poser une fois de plus devant l'opinion le redoutable problème du travail à domicile et préparer sinon sa solution totale par la loi, au moins faciliter la tâche du législateur de demain.

Après de longs efforts et de patientes études, la question du travail à domicile a fait ces dernières années un grand pas : le législateur est intervenu d'autorité pour la résoudre. Comme chacun sait, le législateur australasien depuis une quinzaine d'années environ, plus récemment le législateur anglais, par la loi du 20 octobre 1909, ont essayé de résoudre le problème par la création des comités de salaires, chargés de fixer les minima de salaires applicables aux travailleurs. Que vaut cette tentative et qu'a-t-elle donné comme résultats ? Peut-on demander à cette double législation — sinon des modèles — les reproductions identiques de lois étrangères étant toujours impossibles à cause de la diversité des milieux et des conditions — au moins des enseignements et des inspirations pour la solution de la question en France?

Telle est assurément la première question qui se pose ; telle est précisément celle qu'est chargé d'étudier votre rapporteur d'aujourd'hui.

Des études personnelles en cours sur ce grave sujet du minimum de salaire en même temps que la passion pour le sujet du contrat collectif dont nous rencontrons ici une application nouvelle et ingénieuse lui ont sans doute valu la mission d'exposer la question devant vous. C'est là un honneur dont il apprécie, croyez-le bien, toute la charge et tout le prix.

C'est donc de ce point de vue français, en observateurs impartiaux autant qu'il est possible et en spectateurs passionnément intéressés, que nous abordons le sujet : Qu'y a t-il à retenir de la double expérience législative indiquée? Tel est le problème central qui dominera tout ce rapport.

Pour le mieux voir, je me propose d'examiner aussi rapidement, mais aussi complètement que possible les trois points suivants :

1° Dans quelles conditions le législateur, dans les deux pays indiqués, a-t-il été amené à intervenir?

Ce sera l'examen des *Antécédents de la loi.*

2° Quels sont les principaux textes — les textes essentiels de cette législation nouvelle et encore toute récente ?

Ce sera l'étude des *dispositions législatives.*

3° Quels résultats, enfin, a donné à l'heure actuelle cette législation si originale? Ce sera l'étude des *résultats de la loi.*

J'indique, dès maintenant, que deux difficultés, d'ordre différent, mais égales, rendent particulièrement difficile cette étude : pour l'Australasie, l'espace ou l'éloignement compliquent la tâche de celui qui veut se rendre compte de l'action des lois — pour l'Angleterre, le temps — l'expérience anglaise commence à peine — empêche d'avoir aujourd'hui des résultats définitifs. Nous essaierons, cependant, malgré cette double difficulté, d'apprécier les législations en vigueur.

Je conclurai en précisant autant que possible, pour notre problème français, les enseignements à tirer des lois et de leur application.

I. — LES ANTÉCÉDENTS DE LA LOI

Un trait commun rapproche au point de vue de leur apparition les deux législations que nous devons étudier: toutes deux prétendent remédier aux maux du Sweating system et n'arrivent à consacrer la création des comités de salaires qu'en dernière analyse et comme remède ultime, après que tous les autres palliatifs ou correctifs au Sweating ont été sans succès essayés et tentés. C'est une *législation in extremis*, pourrait-on dire. Un second caractère doit être également souligné ; soucieux des très grandes difficultés que rencontre la nouvelle législation, celle-ci n'apparaît au début que comme temporaire et provisoire ; c'est une expérience qui est tentée, mais, avec une prudence digne d'éloge, le législateur se met résolument à l'école des faits et, soit par la souplesse du mécanisme créé, soit par des retouches fréquentes au texte primitif, laisse en somme et malgré les apparences l'action individuelle et l'action professionnelle dominer la contrainte légale. C'est en second lieu une *législation expérimentale*. Il faut établir ce double caractère des législations à étudier.

En Australasie, les antécédents de la loi et son histoire (1) sont nettement une preuve — et ceci est vrai pour les diverses colonies — du caractère de remède *in extremis* de cette législation.

Dans l'état de Victoria, une bonne partie de la législation de fabrique de 1893 à 1896 marque un effort impuissant d'ailleurs pour combattre les maux du Sweating : la loi de 1885 (2), notamment, prescrit l'obligation pour le patron de tenir une liste des ouvriers travaillant pour lui à domicile. Une autre loi de 1893 (3) décide que les prix payés pour le travail à domicile devaient désormais être communiqués à l'inspecteur en chef des fabriques. Les travaux préparatoires de la loi de 1896 (4) montrent également que le projet Peacock (5) voulait originairement subordonner le travail à domicile à une autorisation donnée par l'inspecteur en chef : on substitua par la suite à cette formalité de l'autorisation celle de l'enregistrement. Ce n'est donc qu'à défaut d'autre mode efficace qu'on arriva en 1896 aux comités de salaires (special Boards) dans les quatre industries les plus exposées au Sweating : vêtements et effets d'habillement, meubles, boulangerie (6).

L'opinion publique — éclairée par de remarquables rapports parlementaire et extraparlementaire — poussa sans cesse dans le sens d'une lutte efficace contre le

---

(1) C. AYRS. *Report on the wages boards and industrial conciliation and arbitration act of Australia and New Zealand.* London, 1908.

Bulletin de l'Office international du travail, 1907 et suivantes.

(2) 49. Vict., n° 862. The Factories and Shops Act. 1885.

. (3) 57. Vict.. n° 1333. The Factories and Shops Act. 1893.

(4) *Bulletin de l'Office international du travail,* 1907. p. VII.

(5) Sir A. Peacock, chef du secrétariat et ministre de l'Instruction publique qui, dans le cabinet Truner, est l'auteur du projet qui devint la loi du 28 juillet 1896.

(6) Clothing and Wearing (including boots and shoes); furniture; baking.

Sweating system. Il est curieux de noter, d'ailleurs, dans l'un des deux rapports de 1884 où fut pour la première fois émise l'idée de conseils ou comités de salaires sous la forme de conseil central et de cours locales de conciliation l'aveu très net des membres de la commission qui déclarent s'inspirer comme précédents des conseils de prud'hommes français (1). C'est donc, déformée sans doute et assurément mal comprise, une institution d'origine française qui nous revient de l'étranger : une fois de plus peut-être, comme pour les jeux et les sports, en croyant accueillir une nouveauté, c'est notre bien français que nous reprendrons ; mais il est bien plus beau puisqu'il nous arrive de l'étranger !

L'*Australie du Sud* nous apporte le même enseignement sur l'origine de sa législation : la première loi qui parle des comités de salaires les institue sans leur donner de pouvoirs et poursuit la lutte contre le *Sweating* par l'enregistrement des travailleurs en dehors de l'usine et l'obligation de tenir une liste des travaux qui leur sont donnés (2). Les dispositions de cette loi relatives aux comités restèrent lettre morte jusqu'en 1904. Ce n'est que plus tard et devant l'insuccès des autres mesures proposées qu'on donna force légale en 1907, aux déterminations des comités de salaires. Ici encore, ceux-ci n'apparaissent qu'à la dernière extrémité.

La même histoire se reproduit à peu de chose près pour l'état de *Queensland* : en 1906 le projet des comités de salaires apparaît devant les maux croissants du Sweating (3) : on le repousse jusqu'à la loi du 15 avril

---

(1) Aves, rapport cité, p. 12.
(2) Aves, rapport cité, p. 77.
(3) Cf. Rapport Aves, p. 82.

1908 (1), époque à laquelle les exemples voisins font céder les résistances.

La situation est plus complexe en *Nouvelle-Galles du Sud*, où se combinent les deux courants législatifs, celui des comités de salaires et celui de la cour d'arbitrage. Cependant, ici encore, les comités de salaires fixant des minima apparaissent comme remplaçant en 1908, par la loi du 24 avril (2), le système de la cour d'arbitrage.

Les différentes législations australasiennes sont donc bien une solution extrême du problème, à laquelle il semble qu'on n'ait eu recours qu'après avoir épuisé tous les autres moyens.

La loi anglaise du 20 octobre 1909 paraît bien aussi 'adaptation d'une idée ancienne, celle des comités de salaires, à une situation désespérée du travail à domicile.

L'idée des comités de salaires a, en effet, un long passé théorique chez nos voisins, en même temps qu'une brillante histoire pratique.

St. Mill (3) en démontrait l'inefficacité et l'inutilité. Plus tard, Sidney Webb (4), dans son histoire du Trade Unionisme, en construisait déjà la théorie économique. Sir Charles Dilke, après avoir soutenu en 1877 une controverse à ce sujet avec M. Deakin, le futur premier ministre australien, et défendu son idée au Congrès de Bruxelles (1891), la présentait en 1895 comme amendement à une loi sur les fabriques. En 1898, il en faisait l'objet

---

(1) *Bulletin de l'Office international du travail.* t. VII, 1908, page 180.

(2) *Bulletin de l'Office international du travail*, 1908, p. 328.

(3) *Principes d'économie politique.* Chap. intitulé : Moyens de combattre les bas salaires.

(4) *Histoire du Trade unionisme.* Traduction française, 1897, p. 136. — Paris, Giard et Brière.

d'une proposition spéciale, toujours renouvelée depuis à chaque session. On n'a pas oublié comment les excès du Sweating soulignés par l'opinion publique et divulgués par la « National Anti Swating League » amenèrent enfin la réalisation de cette vieille idée. Encore fallut-il plus de deux ans depuis le projet Henderson (Sweated Industries Bill) aux Communes jusqu'au vote définitif de la loi : la discussion parlementaire anglaise avec ses différentes étapes permet de suivre les progrès de l'opinion ; on en arrive, à la lumière des faits, à prendre de plus en plus confiance, en présence de l'inefficacité de tous les autres, dans ce dernier remède proposé.

La législation des comités de salaires est bien une législation *in extremis*. Elle est aussi, elle est surtout une *législation expérimentale* et c'est sur ce second caractère qu'il nous faut maintenant insister.

La première loi qui établit les comités de salaires à Victoria, celle du 23 juillet 1896 (1), fut seulement votée pour une période de 4 ans (2) : pendant son application, deux lois, l'une du 24 décembre 1896 (3) et l'autre du 27 septembre 1897, (4) s'inspirant des premiers résultats de l'expérience, modifiaient dans un cas donné la composition d'un comité ou donnaient au gouverneur le droit de suspendre les décisions d'un Comité de salaires. La loi du 20 février 1900 prorogea de deux ans (5) la loi précédente de 1896, tout en modifiant la législation exis-

---

(1) 60. Vict., n° 1445. The Factories and Shops Act. 1896.
(2) Plus exactement jusqu'à la fin de la première session Parlementaire suivant le 1er janvier 1900.
(3) The Factory and Shops Amendement Act. 1896, 60 Vict., n° 1470.
(4) The Factory and Shops Act. 1897, 61 Vict., n° 1518.
(5) Jusqu'à la fin de la session alors en cours et ensuite jusqu'à la fin de la session postérieure au 1er mai 1902.

tante sur de nombreux points de détail. Survint alors — et c'est la preuve manifeste du caractère expérimental de notre législation — ce que les Anglais appellent la rupture de la législation. Divers projets étaient à l'étude en juillet 1902 et n'avaient pas abouti. A ce moment, le Parlement de Victoria fut dissous soudainement le 10 septembre 1902 ; avec la session parlementaire, prenait fin la validité de la législation existante : pendant près de trois mois, il n'y ayait, dans l'Etat de Victoria, aucune législation sur les fabriques et magasins en vigueur (1). Toutes les déterminations des comités de salaires cessèrent du même coup d'avoir force légale.

La situation fut régularisée par une loi du 5 décembre 1902 (2), remettant en vigueur les anciennes lois et règlements d'administration publique ; mais pour un an seulement, jusqu'au 31 octobre 1903.

En 1903, nouvelle prorogation par la loi du 30 octobre 1903 (3) avec nouvelles modifications au fond jusqu'au 31 décembre 1905.

Enfin, la loi du 6 octobre 1905 (4) est venue consolider et rendre applicable d'une manière durable la législation existante sans en rien la modifier : ainsi, après neuf ans d'expérience et neuf lois successives, le système des bureaux de salaires était définitivement adopté.

Encore faut-il ajouter que, depuis, la même méthode a été suivie : la législation est définitive, mais on ne se prive pas de l'amender. Trois lois successives, l'une de détail du 12 décembre 1905, l'autre beaucoup plus impor-

---

(1) Factory Report. 1902, p. 3.
(2) 2 Edward VII, n° 1801. The Factories and Shops *Continuance* Act. 1902.
(3) 3 Edward VII, n° 1857. The Factories and Shops Act. 1903.
(4) 5 Edward VII, n° 1975. The Factories and Shops Act. 1905.

tante, du 23 décembre 1907, la troisième, enfin, du 2 mars 1909, étendant à de nouvelles professions les comités de salaires, sont des preuves péremptoires que, malgré les apparences actuelles et la loi dite de consolidation, la législation de Victoria reste, aujourd'hui encore, expérimentale.

Dans les autres états australiens, la législation, pour être moins abondante, n'en est pas moins formée, comme à Victoria, par des apports successifs. L'Australie du Sud a eu elle aussi sa loi de consolidation en date du 21 décembre 1907 et ce n'est que devant le succès partiel des comités de salaires qu'on s'est décidé à les étendre à de nombreuses professions.

Il y a plus : dans toutes ces législations, le mode de création de nouveaux comités de salaires, tantôt l'avis d'une des deux Chambres, tantôt l'avis de toutes les deux, parfois la seule autorité du gouverneur permet une souplesse assez grande pour adapter le mécanisme aux nécessités pratiques.

Enfin, il n'est pas jusqu'à la loi de la Commonwealth australienne, la loi de 1904, qui, sans accepter le système des comités de salaires, ne donne à la Cour fédérale d'arbitrage le droit de fixer des minima de salaires, mais elle n'ajoute aucun éclaircissement pour l'interprétation de ce texte (1). Ce silence même de la loi est une des preuves de l'idée qui règne là-bas : il en est peut-être même l'abus.

La loi anglaise révèle pareillement ce caractère si curieux et bien anglo-saxon du législateur soumis aux faits et à la leçon de l'expérience.

----

(1) Cf. *Bulletin de l'Office international du travail*, t. IV, 1905, p. LXI et 121.

Aves, rapport cité, p. 118.

Elle ne s'applique, on le sait, *provisoirement* qu'à quatre industries :

1° *Confection de vêtements tout faits et sur mesure*, en gros et toutes autres branches du vêtement dans lesquelles le ministre du Commerce estime que le système de confection est en général semblable au système le plus usité dans le gros ;

2° *Fabrication de boîtes ou parties de boîtes* manufacturées en tout ou en partie, avec du bois, des cartons, des copeaux ou matières similaires ;

3° *Finissage de la dentelle et des filets à la mécanique ;* travaux de raccommodage et de repassage dans le finissage des rideaux à la dentelle ;

4° *Fabrication des chaînes martelées et rivées à la main ou au marteau à pédale* (1).

Quant aux autres industries, la loi pourra leur être, dans l'avenir, déclarée applicable par voie d'ordonnances provisoires (provisional orders).

La tarification des salaires se fait, nous le verrons, lentement et en quelque sorte par étapes.

L'étude des travaux parlementaires anglais montre jusqu'à l'évidence cette préoccupation de se soumettre aux faits. On sait que le projet de M. Hendersen (Sweated Industries Bill) était beaucoup plus radical que le projet du gouvernement transformé aujourd'hui en loi : d'après ce projet, les fixations de salaire minima devaient être faites immédiatement et du premier coup et non pas après six mois et sur proposition, comme elles le sont aujourd'hui. De même, à maintes reprises le gouvernement dut

---

(1) C'est le texte même de la cédule annexée à la loi emprunté au *Bulletin de l'Office international du travail,* 1010, p. 80 : il montre avec quelle minutie le législateur a délimité le champ actuel de l'expérience.

calmer l'impatience des adversaires du Sweating trop pressés et trop désireux d'aboutir, qui voulaient dès maintenant élargir le champ d'application de la loi.

Enfin, la très grande latitude laissée au Board of Trade dans la constitution des comités qui peuvent être formés soit à l'élection, soit à la nomination du gouvernement, soit en mélangeant les deux systèmes, est encore la preuve d'un sérieux effort pour respecter les diversités spécifiques des industries et profiter des leçons de l'expérience. Le Board of Trade, d'ailleurs, est complètement entré dans ces vues du législateur et les divers règlements qu'il vient de publier réservent des interprétations possibles et par là même des modifications, en même temps que la durée des pouvoirs des nouveaux comités de salaires est strictement limitée.

Ainsi souplesse, désir de se laisser faire par la vie, mobilité, durée limitée, tels sont les principaux caractères que nous révèlent les antécédents de ces législations. Il semble qu'avec une louable prudence le législateur esquisse en pointillé le trait que la réalité de demain viendra tracer en plein : il est tout prêt d'ailleurs à rectifier son premier jet ; et l'œuvre ne sera jamais pour lui définitive, subordonnée qu'elle demeure aux perpétuelles transformations des faits et aux innombrables contingences de la pratique.

On pourrait résumer ce caractère si original de nos deux législations en disant que, si ce sont des lois, elles le sont aussi peu et aussi discrètement qu'il est possible.

Ces antécédents de nos lois n'étaient pas inutiles à rappeler pour les replacer dans leur cadre, les mettre sous leur vrai jour.

Notre législateur français, parfois trop convaincu de sa souveraineté et de sa toute-puissance, saura, nous l'espérons, puiser dans cette double expérience des leçons de modestie, de prudence, voire même de timidité, qui seront pour lui un précieux gage de succès dans l'œuvre délicate qu'il songe à aborder.

II. — LES DISPOSITIONS DE LA LOI

La législation australasienne a manifestement inspiré la législation anglaise : celle-ci est d'ailleurs beaucoup plus intéressante pour nous ; aussi suffira-t-il d'indiquer sommairement les grandes lignes de la législation australasienne pour insister avec plus de détails sur la législation anglaise.

A. — Législation australasienne

J'insisterai seulement sur les traits les plus saillants de la législation de Victoria : deux points de vue guideront ici nos développements :

a) Il faudra souligner quelques points particulièrement délicats de ces législations australasiennes ;

b) Puis dégager les enseignements intéressants de l'évolution législative accomplie.

La loi du 28 juillet 1896, confirmée d'ailleurs sur ces points par la loi confirmative du 6 octobre 1903, établissait, dans les industries précitées, des comités de salaires, composés de dix membres (5 patrons et 5 ouvriers), plus un président pris hors du comité.

Le mode de formation de ces comités était le suivant : en principe (art. 77 de la loi du 6 oct. 1903), ces membres sont nommés par le gouverneur : ordinairement, avant cette nomination, le ministre peut, par voie de notification dans la *Government Gazette* (*Journal officiel*), désigner des personnes comme représentants des patrons et comme représentants des ouvriers, ayant qualité pour être nommés membres du Comité. Si, dans le délai de 21 jours, aucune objection n'est faite par un cinquième au moins des employeurs ou des employés, la désignation est transformée en nomination.

Le plus souvent, ces désignations sont faites avec tant de soin que les objections sont rares (1).

Cependant, si, au contraire, une objection valable a été soulevée, les membres sont élus, de quelque côté qu'ait été prise l'initiative de la protestation. Les règles de l'élection sont prévues pour cela dans les règlements; en voici le résumé :

La liste des électeurs pour les employeurs est dressée par l'inspecteur en chef d'après la liste des patrons enregistrés (2); celle des électeurs pour les employés est également dressée par l'administration et basée sur les rapports des employeurs. Ceux-ci doivent, sur des modèles de rapports distribués par l'administration, déclarer tous leurs employés des deux sexes âgés de 18 ans et au-dessus.

Les bulletins de vote sont envoyés par la poste et peuvent être retournés par la même voie ou placés dans une urne dans les bureaux de l'inspecteur en chef des fabriques.

Le président du comité est nommé par le gouverneur et choisi en dehors du comité, sur la présentation des membres de ce comité.

Les comités des salaires procèdent alors à l'élaboration des tarifs minima de salaires. La loi de Victoria 1905 (art. 87, 88 et 89) leur donne le droit de fixer à leur gré

---

(1) Rapport AVES, p. 17, note 2.
(2) A Victoria, l'obligation de l'enregistrement est imposée par la loi sous peine d'amende (art. 23 de la loi de 1905).

soit des prix ou tarifs des salaires aux pièces, soit (1) des prix ou tarifs des salaires au temps, soit à la fois aux pièces et au temps (2).

Là est, en effet, le délicat problème de taxation : encore faut-il remarquer que le législateur de Victoria donne l'antériorité et la préférence comme base d'évaluation au salaire au temps :

Art. 89. — « Si, en vertu de la présente loi, une décision du comité spécial fixe pour un travail à la fois des prix ou tarifs de salaires aux pièces et des prix ou tarifs de salaires au temps, les prix des tarifs de salaires aux pièces devront toujours avoir pour base les prix ou tarifs des salaires au temps (3).

Ce choix se comprend si l'on songe que les comités ont encore le droit (art. 90) de fixer le maximum d'heures hebdomadaires de travail auxquelles correspondent les salaires au temps ainsi déterminés.

Enfin, les déterminations de salaires entrent en vigueur à la date fixée par le comité et au plus tôt trente jours après la date de la décision. Ils demeurent exécutoires *sous peine d'une amende* jusqu'à nouvelle décision.

---

(1) L'article 83 indiquait comme règle aux comités pour la détermination des minima dans les deux cas : « *les prix et tarifs de salaires* moyens qui ont été effectivement *payés par des patrons honorablement connus* (reputable employer) *à des ouvriers de capacité moyenne* ». Si ces prix et tarifs moyens sont jugés insuffisants par le comité, il est dessaisi et c'est la Cour d'appel en matière industrielle qui statue en toute liberté. Cet article a été abrogé par l'article 11 de la loi du 23 décembre 1907.

(2) Toutefois, dans l'industrie de la préparation ou fabrication totale ou partielle de vêtements, ou effets d'habillement hors de l'usine ou de l'atelier, il ne pourra être fixé que des salaires aux pièces (art. 87).

(3) Malgré cela, le même article stipule expressément que la décision des comités de salaires ne sera pas attaquable si le tarif (aux pièces) donne un gain supérieur ou inférieur au premier (au temps).

Un double recours est ouvert contre eux :

D'abord, les déterminations sont susceptibles de modification ou de cassation par la Cour d'appel en matière industrielle (art. 100) ;

Ensuite, le gouverneur peut suspendre pour six mois les décisions du comité ; et alors ou le comité cède et modifie sa décision, ou au contraire il la maintient sans modification : en ce second cas, l'arrêté suspensif du gouverneur est révoqué au plus tard dans les quatorze jours par un nouvel arrêté pris en conseil.

La sanction de ces arrêtés (art. 119) est une amende de 10 livres sterling pour la première infraction, de 5 à 25 pour la seconde, de 50 à 500 pour la troisième et les suivantes. La preuve (art. 98, 4°) de paiement de salaires conformes ou non conformes aux minima de la détermination du comité incombe dans tous les cas au défendeur : ce qui est d'une importance capitale.

J'en aurai fini avec l'étude des principales dispositions de la législation de Victoria en indiquant encore les résultats intéressants de l'expérience législative de cette colonie en ce qui concerne le mode de vote et les dispositions légales au sein de ces comités. La loi du 5 décembre 1902 (1), (art. 9) avait décidé que, dans certains comités (2), une majorité spéciale — 7 voix si les 10 représentants des ouvriers et des patrons étaient présents ; 4 voix dont 2 des patrons et 2 des ouvriers dans le cas où 6 représentants seulement sont présents — était nécessaire pour les décisions de ces comités.

---

(1) *Bulletin de l'Office international du travail*, 1902, t. I, page 616.

(2) Fabrication de boissons gazeuses, d'engrais artificiels, dinandiers, fondeurs de fer, ouvriers en cuir et poseurs de fourneaux.

Mais, en 1903, par la loi du 30 octobre (1), on renonça à ce système d'une majorité spéciale et l'on revint à l'ancienne pratique de la majorité absolue, avec droit du président de départager les votants au cas d'égalité des voix dans les deux sens. On peut retenir de cet épisode législatif un effort pour assimiler autant que possible le contrat collectif légal au contrat collectif volontaire et y voir un hommage indirect, mais certain à la prépondérance des mœurs sur la contrainte législative.

Voici maintenant dans un tableau comparatif un aperçu de la législation des autres Etats d'Australie (*Voir tableau ci-contre*).

On remarquera que la Nouvelle-Zélande, qui ne figure pas dans ce tableau, a indirectement un système de salaire minimum obligatoire, puisque, dans ce pays, la cour d'arbitrage a le droit de fixer le taux des salaires et de déclarer les sentences applicables à toute une industrie ou à toute une catégorie, atteignant ainsi des patrons ou des ouvriers qui n'ont pas été partie au conflit.

D'après ce tableau, on constate que les législations de Queensland, de l'Australie du Sud et de Nouvelle-Galles du Sud reproduisent, à quelques détails près, la législation modèle de Victoria, que ces Etats ont entendu adopter et imiter.

B. — Législation anglaise

L'étude de la loi du 20 octobre 1909 (2) sur les conseils d'industrie (Trade Boards Act) peut être faite en examinant successivement les cinq points suivants :

---

(1) *Bulletin de l'Office international du travail*, 19 4, t. III, page 38 .

(2) Le texte en a été publié *in extenso* dans le *Bulletin de l'Office international du travail*, 1910, t. IX, p. 25.

1° Portée actuelle et extension future de la loi;
2° Constitution des comités de salaires;
3° Fonctionnement;
4° Sanctions;
5° Dispositions secondaires.

I. — *Portée actuelle et extension future de la loi*

On a vu plus haut que quatre industries seulement, pour commencer, tombent sous le coup de la loi : l'industrie du vêtement tout fait et sur mesure, la fabrication des boîtes, l'industrie de la dentelle et des filets à la mécanique, la fabrication des chaînes.

Quant à l'extension future de la loi, l'article 1er, § 2, décide : « Le ministre du Commerce peut, par une ordonnance provisoire, rendre la présente loi applicable à toute industrie désignée non encore soumise à la loi, *s'il considère que le taux des salaires courants, dans une branche quelconque de ladite industrie, est exceptionnellement bas* en comparaison avec celui pratiqué dans d'autres professions et *s'il estime que,* vu la situation de cette industrie, *il convient de la soumettre* à la présente loi ». Cette ordonnance provisoire doit être approuvée par le Parlement, qui la confirme.

De même, le ministre du Commerce (art. 1er, § 3) peut soustraire à l'application de la loi telle industrie qu'il lui convient : « Si, à un moment quelconque, le ministre du Commerce estime que, dans une quelconque des industries soumises à la présente loi, les conditions du travail se sont modifiées au point de rendre *inutile l'application de la présente loi, il peut,* par une ordonnance provisoire, *soustraire ladite industrie* à l'application de la loi. »

Enfin, c'est encore le ministre du Commerce (art. 2, § 1er) qui est le seul juge de l'opportunité de la création des comités de salaires.

Ainsi, et c'est le premier trait caractéristique de la législation anglaise, pouvoirs très larges donnés au ministre du Commerce sous le contrôle du Parlement pour déterminer la portée de l'application de la loi.

Celle-ci, d'ailleurs, s'applique à tous les travailleurs employés dans l'industrie considérée, soit en fabrique ou en atelier, soit à domicile (art. 4 de la loi).

II. — *Constitution des comités de salaires*

En ce qui concerne ce second point, le législateur anglais s'est contenté de poser quelques principes, s'en rapportant, pour le surplus, aux règlements pris par le ministre du Commerce pour l'élaboration des détails.

Voici, d'abord, les seules exigences légales posées dans l'article 11 :

1º Les conseils comprendront un *nombre égal* de représentants des patrons et de représentants des ouvriers ;

2º Les femmes peuvent, tout comme les hommes, faire partie des conseils d'industrie ;

3º Il pourra y avoir élection — ou présentation — ou élection pour partie et présentation pour partie ; il suffira que les ouvriers à domicile, « là où ils se rencontrent en proportion notable, soient représentés » ;

4º Le président de chaque bureau, choisi parmi les membres, est désigné par le ministre du Commerce, qui nomme également le secrétaire ;

5º Les délibérations d'un conseil ne peuvent être annulées parce qu'une vacance s'est produite dans son sein ou pour cause de vice dans la nomination, l'élection ou la présentation d'un membre ;

6º Le quorum nécessaire est la présence d'un tiers au moins des représentants (ouvriers ou patronaux) et d'un membre nommé ;

7° Sur tous les points non spécialement fixés par la loi ou par le règlement, les conseils sont souverains pour fixer leur mode de fonctionnement.

On voit par là encore comment la loi anglaise s'efforce, une fois les parties en présence, de leur laisser la plus grande souplesse et la plus grande initiative et d'arriver en quelque sorte, bien qu'il s'agisse ici d'un contrat collectif légal, à se rapprocher le plus possible du contrat collectif librement arrêté par les intéressés.

C'est donc dans les règlements du ministre du Commerce qu'il faut chercher maintenant le surplus d'indications en ce qui concerne la constitution des comités.

Ces règlements ont paru : ils sont aujourd'hui au nombre de quatre.

Le premier en date est celui du 25 novembre 1909 (1), pour l'industrie des chaînes martelées et rivées à la main ou au marteau à pédale.

Le second est celui du 27 avril 1910 (2), pour l'industrie des boîtes ou parties de boîtes en papier-carton, copeaux et matières similaires.

Le troisième est celui du 4 mai 1910 (3), pour le finissage des dentelles et filets confectionnés à la machine.

Le quatrième, enfin, est daté du 25 juillet 1910 (4), pour la confection des vêtements tout faits et en gros, pour les personnes du sexe masculin.

Analysons rapidement cette législation complémentaire, nous en verrons encore toute la souplesse.

Le nombre des membres des quatre comités jusqu'à

---

(1) Texte *Bulletin de l'Office international du travail*, t. IX, 1910, p. 133.
(2) Texte. *Ibid.*, t. IX, 1910, p. 383.
(3) Texte. *Ibid.*, t. IX, 1910, p. 385.
(4) Texte. *Ibid.*, t. IX, 1910, p. 440.

présent réglementés est très variable : 15 à 17 dans l'industrie des chaînes, 19 à 23 dans celle de la dentelle, 35 à 41 dans l'industrie des boîtes en papier, 29 à 37 dans celle du vêtement tout fait et en gros pour hommes.

Le mode de composition de ces comités est également très variable : dans chacun d'eux on distingue trois éléments :

1° *L'élément officiel* (1), composé des membres nommés directement par le Board of Trade, le plus ordinairement au nombre de trois (2) ;

2° *L'élément patronal.* Selon la faculté indiquée, cette représentation patronale est soit intégralement nommée à l'élection (boîtes en papier, chaînes), soit choisie par le Board of Trade sur la présentation des intéressés (industrie dentelière), soit pour partie élue (10 membres) et pour partie désignée sur présentation (3 membres) par le Board of Trade (industrie du vêtement);

3° *L'élément ouvrier.* De la même manière on rencontre ici soit l'élection intégrale (chaînes) (3), soit la nomination sur présentation (boîtes en papier (4), industrie dentelière, vêtement).

Le président et le vice-président du comité sont nommés par le Board of Trade, ordinairement parmi tous les membres du comité ; parfois ils doivent être obligatoirement choisis parmi les membres officiels (industrie des chaînes).

---

(1) Cet élément officiel doit être inférieur à la moitié du nombre total des représentants patronaux et ouvriers (art. 13, dernier paragraphe de la loi de 1909).

(2) 3 à 5 cependant dans l'industrie du vêtement.

(3) 4 délégués sont élus par les hommes, 2 par les femmes.

(4) On remarquera la liberté avec laquelle le système est appliqué : dans l'industrie des boîtes en papier, il y a élection intégrale pour l'élément patronal, nomination sur désignation pour l'élément ouvrier.

Les comités sont formés pour trois ans.

Signalons enfin les règles pour le vote au sein du comité : ici encore grande souplesse dans les limites du principe de l'égalité des deux représentations patronale et ouvrière ; tantôt le conseil (chaînes) est souverain pour prendre lui-même les dispositions à cet effet; tantôt le règlement (boîtes, industrie dentelière, vêtement) prévoit les moyens exprès d'assurer cette égalité : ou bien la partie en majorité décidera qu'un ou plusieurs membres s'abstiendront, ou bien le président (ou à son défaut le vice-président) peuvent renvoyer la question à une prochaine séance.

Dans l'industrie dentelière enfin, le règlement contient, en outre, cette clause spéciale qui, tirée de la pratique des comités de salaires dans l'industrie privée, est vraisemblablement appelée à devenir le droit commun des futurs comités :

« Il reste entendu que dans toute question de minimun de salaire, le président ou, en son absence, le vice-président, peut, s'il le juge convenable, et doit, à la demande de la majorité absolue des représentants patrons ou ouvriers, faire voter les membres par catégorie ; en pareil cas, le vote de la majorité des membres présents de l'une ou de l'autre catégorie prenant part au scrutin constitue le vote de cette catégorie. Dans un vote de ce genre, les membres nommés (par le ministre) ne prennent pas part au scrutin; si le vote accuse une divergence d'opinion, la question est tranchée par le vote, à la majorité, des membres nommés par le ministre (1). »

---

(1) Article 8 du règlement du 4 mai 1910.
Loc. cit. Bulletin de l'Office international du travail, 1910, p. 386.

En un mot, le Board of Trade est seulement la cheville ouvrière, l'agent excitateur du contrat collectif, arrêté par les parties, qui doit régir le métier. Telle est l'idée générale qui résume et supporte toute la réglementation relative à la composition des comités.

III. — *Fonctionnement des comités de salaires*

Chaque comité de salaires est nommé pour l'ensemble de la profession dans tout le Royaume-Uni. Il peut, cependant, instituer des comités industriels de districts (district trade committees) qui fonctionnent pour des circonscriptions déterminées (1). Ces comités locaux sont chargés d'établir les tarifs minima (au temps ou aux pièces) pour leurs circonscriptions. Ce sont eux qui, dans le mécanisme anglais, proposeront et tiendront au courant le contrat collectif légal pour leur région ; la loi exige expressément que le comité central ne fixe jamais un tarif sans rapport du comité local, soit pour l'établir, l'annuler ou le modifier. C'est l'organe d'étude et de proposition ; le conseil central reste celui de décision et c'est là un pouvoir qu'il ne peut déléguer (art. 12, § 3).

Un troisième rouage enfin est prévu par la loi anglaise : c'est le sous-comité permanent (substanding committee), qui est chargé, pourrait-on dire, du service des réclamations; « ils sont chargés, dit l'article 12, § 2, d'examiner les demandes de tarif minimum aux pièces spécial et les plaintes adressées au conseil en vertu de la présente loi,

---

(1) Les comités locaux comprennent des membres du conseil central et aussi des personnes étrangères, mais représentant des patrons ou des ouvriers de l'industrie ; des règlements spéciaux en fixeront le fonctionnement. Un règlement du 22 juillet 1910 (*Bulletin de l'Office international du travail*, 1910, p. 438) est venu fixer ces règles très analogues à celles étudiées ci-dessus.

ainsi que le renvoi des demandes ou plaintes auxdits sous-comités. »

Ceci indiqué, étudions maintenant comment vont être établis les tarifs minima de salaires par les comités de salaires. Telle est, en effet, leur mission propre établie par l'article 4 (1).

« *Les comités d'industrie doivent, conformément aux dispositions de la présente section, fixer, dans leurs industries, le taux minimum des salaires au temps* (désigné dans la présente loi sous le nom de tarif minimum au temps) ; *ils peuvent, en outre, fixer le taux minimum général des salaires aux pièces dans leurs industries* (désigné dans la présente loi sous le nom de tarif minimum général aux pièces).Les taux de salaires (au temps ou aux pièces) peuvent être établis en vue d'être appliqués soit à l'industrie tout entière, soit à un procédé spécial de travail ou à une catégorie spéciale d'ouvriers de l'industrie, soit à une circonscription particulière. »

Il y a lieu dans cette élaboration du tarif de distinguer, pour plus de clarté, 3 phases :

    a) *La phase préparatoire* ;

    b) *La phase mixte ;*

    c) *La phase obligatoire.*

    a) *La phase préparatoire* : c'est la période de formation et d'élaboration du tarif. Le comité fait connaître le taux qu'il se propose de fixer et examine toutes les objections

---

(1) Ce n'est d'ailleurs pas la seule : l'article 3 de la loi considère encore les comités de salaires comme office de renseignements ; ils sont compétents pour examiner toutes les questions industrielles qui leur seront soumises et adresser des rapports.

Nous négligeons ce côté de leur activité qui ne rentre pas dans l'objet de cette étude.

qui peuvent lui être présentées dans un délai de trois mois.

Elle se termine par la publication : art. 4 § 3. Le conseil publie tout tarif minimum au temps ou tout tarif minimum général aux pièces établi par lui.

b) Avec la publication, *commence la phase mixte.* En ce moment la tarification, sans être obligatoire, peut être considérée comme la coutume ou l'usage du métier : il s'appliquera (art. 7):

a) A défaut de stipulation écrite contraire (1);

b) Au cas où un patron informe le conseil par écrit qu'il accepte le tarif et s'y soumet (2) ;

c) Au cas enfin de travaux accomplis pour le compte de l'Etat ou des communes (3).

------

(1) ART. 7 *a*). — Dans tous les cas où le tarif minimum est applicable, le patron doit, *en l'absence d'une convention écrite stipulant le contraire,* payer aux personnes à son service un salaire au moins égal au tarif minimum ; en pareil cas, la personne employée peut se faire rembourser la différence par son patron.

(2) ART. 7 *b*). — Le patron peut informer par écrit le conseil d'industrie qui a fixé le tarif minimum qu'il accepte de se voir appliquer obligatoirement le tarif ; en pareil cas, il est tenu de payer aux personnes qu'il emploie un salaire au moins égal au tarif minimum et il est passible, en cas contraire, des amendes qui pourraient lui être infligées, si le ministre du Commerce avait rendu une ordonnance rendant le tarif obligatoire et si cette ordonnance était en vigueur.

(3) ART. 7 *c*). — Aucun département ministériel non plus qu'aucune autorité locale ne peut passer un contrat indiquant l'emploi de main-d'œuvre soumise à un tarif minimum avec un patron qui n'aurait pas fait au conseil une déclaration conforme à la disposition ci-dessus.

Une exception est cependant prévue pour le cas des travaux exécutés ou à exécuter pour le compte de la Couronne dans l'intérêt général : en ce cas, une ordonnance ministérielle peut, par voie d'ordonnance, dans les limites et pour la période y stipulées, suspendre l'application de cette disposition.

Cette phase mixte dure normalement six mois ; passé ce délai, deux alternatives peuvent se présenter :

Ou bien le ministre rend une ordonnance déclarant le tarif obligatoire et l'on tombe dans la phase 3 ci-après.

Ou bien le ministre rend une ordonnance suspensive et alors, au bout de six mois, le conseil peut de nouveau réclamer une ordonnance obligatoire : le ministre y accède ou rend une nouvelle ordonnance suspensive (art. 5). Et cela peut continuer théoriquement ainsi : le tarif est suspendu tant que l'ordonnance obligatoire n'est pas rendue.

c) *La phase obligatoire*. Elle commence, nous l'avons vu, à l'ordonnance obligatoire.

A dater de ce jour, tout patron est tenu de payer le minima que comporte le tarif (1) :

Est nulle et sans valeur toute convention relative au paiement des salaires contraire aux présentes dispositions (art. 6, 5°).

La loi a cependant réservé le cas des ouvriers infirmes ou *incapables* qui peuvent obtenir une autorisation spéciale (permis) les exemptant du tarif minimum obligatoire au temps.

Remarquons enfin que les mêmes dispositions s'appliquent au cas d'annulation ou de modification des tarifs : les comités de salaires restent toujours maîtres de le faire ; ils y sont obligés sur la requête du ministre du Commerce (art. 4, § 4).

---

(1) Art. 6. 1). — « Lorsque le ministre du Commerce, conformément à la présente loi et par voie d'ordonnance, a rendu obligatoire un tarif minimum fixé par un conseil, le patron doit, dans les cas où ledit tarif est applicable, payer à toute personne à son service un salaire au moins égal, toutes retenues déduites, au salaire minimum ».

IV. — *Sanctions*

Elles sont au nombre de deux :

Une sanction pénale ;

Une sanction civile.

La sanction pénale comporte l'application, sur condamnation sommaire, d'une amende de 500 francs au plus par contravention et d'une amende de 125 francs au plus, par jour après cette condamnation, tant qu'il n'est pas en règle (art. 6, 1°).

La sanction civile comporte la restitution de la différence entre les sommes payées en réalité et les sommes prévues par les tarifs minima (1). La preuve est d'ailleurs à la charge du patron (art. 6, 4°).

Il faut remarquer de plus que, d'après l'art. 9, le mot patron doit être pris en un sens très large : c'est celui quel qu'il soit (boutiquier, marchand ou commerçant) qui « conclut expressément ou implicitement avec un ouvrier un contrat impliquant l'exécution d'un travail, pour lequel un tarif minimum a été fixé en vertu de la présente loi ».

L'application de la loi est confiée à l'inspection du travail ou aux autres départements ministériels dont les agents sont en rapport avec le personnel industriel soumis à la loi (art. 14).

---

(1) ART. 6. 2). — « En condamnant un patron, aux termes de la présente section, pour n'avoir payé à une personne à son service un salaire au moins égal un tarif minimum fixé, le tribunal peut, par son jugement, obliger le patron condamné à payer, en plus de l'amende, les sommes qu'il considère comme dues en salaires aux personnes employées en calculant ces salaires sur la base du tarif minimum : cette faculté d'ordonner un paiement de salaires en vertu de la présente section n'enlève nullement à la personne employée le droit de poursuivre par d'autres voies le recouvrement de salaires qui lui sont dus ».

Les pouvoirs de ces inspecteurs sont des plus larges ; d'après l'article 15, ils peuvent :

a) Exiger du patron la production des feuilles de paie ou autres documents relatifs aux salaires ; exiger des personnes faisant travailler à domicile les états des paiements effectués à des ouvriers à domicile ; examiner et vérifier ces documents et en prendre copie ;

b) Demander à toute personne intéressée faisant travailler à domicile, ou travaillant à domicile, les renseignements qu'elle possède en ce qui concerne les noms et adresses des personnes acceptant ou donnant, selon les cas, du travail à domicile et en ce qui concerne les versements dus pour ce travail ;

c) Pénétrer à toute heure raisonnable dans les fabriques ou ateliers et dans tout endroit où se fait la distribution du travail aux ouvriers à domicile ;

d) Examiner et recopier toute liste d'ouvriers à domicile tenue par un patron ou une personne donnant du travail au dehors.

Tout obstacle mis à l'accomplissement de cette mission ou pour l'arrêter dans sa mission entraîne une amende de 125 francs au plus pour chaque contravention ; toute tromperie pour l'abuser est passible, sur condamnation sommaire, d'une amende de 500 francs au plus et d'un emprisonnement de 3 mois au plus, avec ou sans hard labour.

Malgré ces graves sanctions, le législateur voudrait arriver à une application amiable de la loi. C'est ainsi que, d'après l'article 10, § 2, avant de commencer les poursuites au nom de l'ouvrier comme c'est son droit, « le conseil peut — et si c'est la première fois qu'il est appelé à poursuivre un patron — doit faire de son mieux pour que le dit patron en soit informé, et ce en vue d'arriver à un règlement amiable. »

Par un sentiment très exact des réalités sociales, le

législateur anglais, en ces délicates questions, place sa confiance plus encore dans la libre adhésion des intéressés que dans la contrainte légale qui n'est que le moyen ultime de coercition.

V. — *Dispositions secondaires*

Vu la longueur des développements qui précèdent, on nous excusera de faire ici un choix et de nous borner à l'essentiel.

Il est intéressant de marquer cependant, au point de vue financier, que la loi prévoit les émoluments et frais des membres nommés et des secrétaires des conseils d'industrie. C'est là une conception bien anglaise que tout travail mérite salaire et que, pour avoir de la bonne besogne, il faut payer son homme. Tous les frais nécessités par la loi sont à la charge du Trésor.

On sait aussi que la loi est entrée en vigueur le 1er janvier 1910.

La plus large publicité est assurée pour faire connaître la loi et son délicat mécanisme (1).

Le seul point délicat que nous veuillons ici examiner en détail est celui de la coexistence des deux tarifs au temps et aux pièces.

Les comités de salaires ont les pouvoirs pour fixer les deux catégories de tarifs minima.

Ils peuvent même fixer pour un patron un tarif minimum spécial aux pièces, applicable à la seule usine de

---

(1) Il faut mentionner encore cette disposition fort curieuse et symptomatique : article 4, 1, paragraphe :

« Si un conseil déclare au ministre du Commerce qu'il lui est, dans un cas donné impossible de fixer un tarif au temps conformément à la présente section, le ministre du Commerce peut, pour ce cas particulier, relever le conseil de ses obligations ».

ce patron ; ils en restent, d'ailleurs, toujours maîtres (art. 4, § 5).

C'est dans l'équivalence des deux tarifs que séra assurément l'une des plus certaines difficultés d'application de la loi. A cet égard, cependant, les règlements du Board of Trade et les règles intérieures des conseils statueront. Cependant, la loi a posé à cet égard quelques principes curieux écrits dans l'article 8 dont voici le texte :

« Le patron qui fait travailler aux pièces doit, lorsqu'il existe un tarif minimum au temps, mais quand il n'existe pas de tarif minimum général aux pièces, être considéré comme payant des salaires inférieurs au tarif minimum : (1)

« 1° Dans le cas où ce tarif minimum aux pièces spécial a été fixé conformément à la présente loi, pour les personnes au service du patron, si les salaires payés par lui sont inférieurs à ce tarif minimum aux pièces spécial ;

« 2° Dans le cas où il n'a pas été fixé de tarif minimum aux pièces spécial, s'il n'a pas été établi que le salaire aux pièces effectivement payé représenterait en l'espèce, *pour un ouvrier ordinaire, au moins la somme d'argent que rapporterait le tarif minimum au temps.* »

Nous avons ainsi achevé l'exposé des dispositions de la loi anglaise.

Dans l'ensemble et pour nous résumer, on voit que l'idée maîtresse dont elle s'est constamment inspirée, qui l'éclaire et la domine, est l'intention d'imiter en somme,

---

(1) La traduction du *Bulletin de l'Office international du Travail* porte ici les mots : tarif minimum aux pièces spécial. Ça doit être par erreur. *Bulletin* 1910, p. 30. Le texte anglais dit seulement : « be deemed to pay wages at less than the minimum rate. »

au cas de salaire minimum obligatoire, le système d'ores et déjà existant. qui a fait ses preuves, de salaire minimum stipulé dans l'industrie privée par le moyen du contrat collectif.

Les tarifs doivent être établis par les intéressés : ils restent modifiables et revisables. Les personnages officiels, les membres directement nommés par le Board of Trade sont le plus souvent les instigateurs de l'œuvre à accomplir. Ils suppléent au défaut d'organisation existante dans les milieux où la loi s'applique.

La loi anglaise est au premier chef une loi supplétive et complémentaire de l'initiative privée. Elle est, aussi peu qu'il est possible pour une loi, impérative et contraignante. Au moins pour l'élaboration des tarifs, elle propose plus qu'elle n'impose.

Ce sont, au fond, les intéressés largement représentés qui restent souverains, comme il convient, pour la détermination des minima de salaires : les conseils, nous l'avons vu, peuvent, sous réserve des dispositions de la présente loi et des règlements ainsi rendus, régler comme ils l'entendent leur mode de fonctionnement (art. 11, 7°).

III. — LES RÉSULTATS DE LA LOI

Comment a fonctionné le mécanisme des comités de salaires ? Telle est la dernière question qui nous reste à examiner.

I. — Les résultats de l'expérience australasienne

Nous ne pouvons, bien entendu, faute d'enquête personnelle, apporter ici que des témoignages de seconde main de publicistes français ou étrangers qui ont étudié sur place l'expérience de minimum légal des salaires.

Voici la revue rapide des principaux jugements portés sur la législation nouvelle tant en France qu'à l'étranger (1).

La plupart des auteurs français manquent de netteté dans leurs conclusions :

« Doctrines et théories, écrit M. Deschars (2), n'ont guère encore subi ou n'ont pas encore enduré les épreuves et les réalités de la vie courante. Nous connaîtrons leur degré de résistance au contact des faits ».

M. Albert Métin (3) disait : « En somme, l'institution des comités de salaires est, comme le dit justement l'inspecteur en chef, la première tentative légale faite dans le monde pour réprimer le Sweating system : elle est allée tout droit au moyen le plus héroïque, fixation d'un salaire minimum ; elle s'est heurtée à deux grandes difficultés, l'exclusion des ouvriers lents et maladroits et la fixation du salaire aux pièces. Il était sans doute trop tôt pour porter un jugement définitif. »

Autrement significatifs sont les témoignages anglais : nous insistons tout particulièrement sur les deux plus importants : celui de M. Reewes et celui de M. Aves.

M. Reewes (4), qui étudiait la législation des comités de salaires, en vue de son introduction éventuelle en Nouvelle-Zélande, énonçait un jugement des plus favorable sur l'effet d'ensemble de la législation de Victoria :

---

(1) Nous écartons, bien entendu, de cette revue les livres et articles d'auteurs qui n'ont pas vu.

(2) Ch. Deschars. L'organisation du travail en Australie, *Revue politique et parlementaire*, sept. 1908, p. 592.

(3) *Législation ouvrière et sociale en Australie et Nouvelle-Zélande*, 1 vol Paris, Imprimerie nationale, 1901, p. 99.

(4) The Minimum wage law in Victoria and South Australia *Economic Journal*, 1901, vol. XI, p. 334.

« Sans nier que la loi de 1896 ait été et soit chaudement critiquée dans cette colonie et sans affirmer qu'elle soit actuellement (1) sortie de la phase d'expérimentation, j'affirme que les industries de Victoria en ont tiré parti pour prospérer et regagner la place qu'elles occupaient en 1890, mais qu'elles avaient si lamentablement perdue, après la panique financière et l'effondrement communément appelé le krach agraire de Melbourne (The Melbourne land borm). En 1890, quand Victoria jouissait de la prospérité inouïe qu'elle devait après payer si cher, le nombre des bras employés dans les fabriques de la colonie était de 47,813. En 1894, au moment du maximum de la crise, le nombre en tombe à 34,268. En 1900, il s'est élevé à 52,898. *Quel que soit donc le résultat de la loi sur le minimum de salaire, durant les quatre années d'application, elle n'a pas été en général ruineuse ni accablante* » (2).

Et plus loin : « A voir les choses en gros, les comités n'ont pas échoué. Dans leur effort pour réorganiser six métiers Sweated, ils ont réussi pour quatre et partiellement réussi dans les deux autres.... Ils ont aidé le bon patron contre le patron au rabais et le patron sweater. Les prix pour le consommateur n'ont pas été élevés d'une manière appréciable par leurs réformes : le public ne saurait donc se plaindre. En faisant leur part aux erreurs, ils ont amélioré le sort des travailleurs. Un progrès réel a été accompli dans une cause légitime et Victoria a beaucoup de raisons de reprendre la grande expérience sur de nouvelles bases en faisant un nouvel essai avec des conditions nouvelles » (3).

---

(1) Ceci est écrit en 1901.
(2) Article cité, p. 334.
(3) *Ibid.*, p. 341.

Le même auteur a précisé, en la confirmant cette appréciation lors du meeting anglais sur la question (1) :

« Sans doute, nos lois, je le maintiens, ne sont pas une solution définitive du problème industriel : elles sont un essai courageux, humain et couronné de succès pour faire quelque chose. »

Il insiste par des exemples sur l'utilité du rouage des comités de salaires, en indiquant qu'il faut dans la constitution de ces bureaux faire une large place aux Trade Unions.

Le second témoignage anglais est celui de M. Aves, qui fut chargé par l'Angleterre, et avant l'élaboration de la loi actuelle, d'aller étudier sur place la législation australasienne (2).

Ses conclusions, optimistes dans leur ensemble, ne laissent pas que d'être modérées en la forme. M. Aves remarque que les efforts de la législation de Victoria se sont fait jusqu'ici sentir pendant une période de prospérité et que le sweating aurait peut-être disparu automatiquement par le développement de la colonie. Cependant, les comités ont eu une influence incontestablement heureuse.

Voici, d'ailleurs, le texte même de la conclusion de M. Aves en ce qui concerne les comités (3) :

« En ce qui regarde plus particulièrement le remède des comités spéciaux, on a vu que l'expérience australienne, d'après les métiers où elle a été appliquée, a été pour la plus grande part limitée aux diverses branches

____

(1) National Anti-Sweating League, Londres, 1907. *Report of Conference on a minimum Wage*, p. 69.

(2) Ernest Aves. *The Wages Board and Industrial and Conciliation and arbitration Acts of Australia and New Zealand*, 1 vol. London 1908.

(3) Rapport cité, page 123.

de l'industrie du vêtement. Ces métiers se sont développés dans une petite communauté, riche, grandement centralisée et comparativement homogène, également éloignée, sauf dans quelques cas isolés, des extrêmes de la pauvreté ou de la richesse. Ces comités ont réussi à une époque de prospérité croissante, dans des conditions où le travail a été souvent rare et sur des marchés doublement protégés par la loi et leur position géographique. L'opinion publique, cependant, a été capable de couvrir assez aisément le champ tout entier de l'industrie. Une connaissance intime a vu s'établir des industries et des cas individuels rarement possibles dans des communautés plus étendues....

« L'expérience de Victoria, quoique valable et intéressante, n'est donc pas entièrement concluante, parce que trop brève, trop simplifiée et trop exclusivement liée à une ère de prospérité économique.....

« Les comités ont permis, dans le travail à domicile et dans les fabriques et probablement au delà même des métiers où ils existaient, d'atteindre un certain niveau de salaire. On a confiance en eux pour marquer un point au-dessous duquel, même avec une réaction, les salaires ne sauraient tomber sans grande difficulté.

« Ils ont eu une action considérable et bienfaisante sur le public grâce à leurs propositions et déterminations, à la publicité qui leur était donnée et à la consécration officielle qu'ils avaient reçue. »

On le voit donc, le rapporteur Aves, tout en réservant comme il convenait la transposition possible de la loi de l'Australasie à l'Angleterre, conclut en somme en faveur des bons résultats du système, en insistant sur *leur action favorable* et éducatrice.

D'ailleurs, le fait même qu'après de nombreux débats

et une étude approfondie, l'Angleterre a accepté le système des comités de salaires australasiens, en l'adaptant,
n'est-il pas une preuve certaine de leurs résultats dans
l'ensemble favorables? (1)

Il reste enfin à examiner une troisième source de documents qui peut encore nous renseigner sur l'expérience étudiée : ce sont les documents officiels des Etats
intéressés et les témoignages recueillis auprès des patrons et des ouvriers par divers enquêteurs, notamment
par M. Aves.

Les documents officiels de Victoria (2) sont, en général, favorables à l'expérience des comités de salaires.

Dès 1901, un inspecteur des fabriques de cet Etat pou-
vait affirmer : « Il n'y a plus maintenant de sweating dans
l'industrie du vêtement de l'Etat de Victoria. Dans le
court espace de trois années, toutes les circonstances ont
changé. Il n'y a plus à enregistrer de plaintes sur le sweating terrible ; il n'est plus parlé de misérables intérieurs
et de salaires plus misérables encore. La majorité des
industriels reconnaît maintenant que la loi a été favorable aux bons travailleurs aussi bien qu'aux employeurs » (3).

Les nombreux extraits de rapports officiels rapportés
par M. Aves (4) semblent, en général, dans le même sens.

Le rapport de 1904 (5) d'un comité spécial de l'*Australie du Sud*, chargé d'enquêter sur les résultats du sys-

---

(1) Cf. Raoul JAY. Discussion au Conseil supérieur du Travail,
nov. 1910. Compte rendu p. 15 et suiv.

(2) *Report of the Chief Inspector of factories, workrooms and
shops*, Melbourne. Annuel.

(3) Cité par REEWES. *State Experiments in Australia and New-
Zealand*, 1902, p. 57.

(4) Rapport cité, p. 208.

(5) P. VII, VI, VIII.

tème à Victoria, s'exprime aussi nettement. M. Aves (1) en résume ainsi nettement les conclusions :

a) Les salaires ont considérablement augmenté dans le plus grand nombre des professions ;

b) Un grand nombre d'ouvriers ont été rejetés du métier ;

c) Il s'en est suivi une limitation fâcheuse du travail des jeunes, qui a constitué un grand malaise (2) ;

d) Les travailleurs à domicile ont diminué beaucoup en nombre et quelques-uns ont beaucoup souffert ;

e) Un certain nombre d'usines a fermé ;

f) La tendance est de prendre le minimum de salaire pour un maximum ;

g) Le travail s'est fait en fabrique et les employés ont dû accomplir une besogne plus dure ;

h) La loi est tournée dans un certain nombre de professions ;

i) Dans l'industrie du meuble, les Chinois se sont développés au détriment des Européens ;

j) Les grèves ont disparu ;

k) Les femmes ouvrières ont beaucoup profité de la loi ;

l) Le sweating dans l'industrie du vêtement, en général, a disparu ;

m) L'industrie du vêtement est la seule dans laquelle employeurs et employés sont, dans l'ensemble, satisfaits du système des comités.

En conséquence, le comité concluait à la formation de nouveaux comités dans deux industries nouvelles pour l'Australie du Sud.

---

(1) Rapport cité p. 70.
(2) A cette époque, les comités de salaires avaient encore le pouvoir de limiter le nombre des apprentis.

Les résultats de l'enquête personnelle de M. Aves (1) ne paraissent pas moins favorables :

A la question ainsi posée : *Trouvez-vous que le système des comités de salaires est avantageux pour votre propre industrie?*

33 réponses affirmatives, 17 négatives, 5 douteuses furent obtenues.

A la question analogue : *Trouvez-vous que le système des comités de salaires est avantageux pour l'ensemble de la nation (community)?*

31 réponses affirmatives, 17 négatives, 6 douteuses furent faites.

Enfin, à la question : *Approuvez-vous le système des comités de salaires adopté à Victoria?* 39 réponses favorables, dont 23 des employés de Victoria, furent faites. 3 négatives seulement.

Notons enfin que 26 employeurs, à Victoria même, étaient, en 1907, partisans d'une extension du système (2).

Au total, on peut, semble-t-il, conclure que l'expérience australasienne est plutôt favorable et qu'elle paraît avoir réussi. L'augmentation constante et continue du nombre des comités, l'adoption de la législation de Victoria par les pays voisins, les témoignages recueillis sur place par les divers enquêteurs ci-dessus cités semblent, dans la mesure où il est possible de s'en rendre compte, pouvoir être valablement invoqués comme preuves du succès pour l'expérience tentée.

---

(1) Rapport cité, p. 166. Cette enquête a été menée par l'auteur dans les trois pays intéressés (Victoria, Nouvelle-Galles, Nouvelle-Zélande) dans les milieux industriels et officiels (Cf détails rapport cité, p. 161.)
(2) Rapport cité, p. 26.

II. — Les résultats de l'expérience anglaise (1).

La loi anglaise du 20 octobre 1909 n'est en vigueur que depuis un peu plus d'un an et demi (2).

La lenteur avec laquelle il est procédé aux tarifications prévues est une preuve du soin et de la minutie de nos voisins avant d'aboutir.

A l'heure présente (3), un seul comité de salaires a abouti à une tarification définitive : c'est le *Comité pour la fabrication des chaînes martelées*, martelées à la main ou au marteau à pédale (4). Ce Comité a donné avis, comme le veut l'article 4, § 3 de la loi, qu'il a fixé deux tarifs :

Un tarif minimum au temps ;

Et des tarifs généraux aux pièces, l'un pour les chaînes rivées à la main ou au marteau à pédale, l'autre pour les chaînes martelées d'un diamètre compris entre 3/8 d'inch (5) et 17/32 d'inch, le troisième enfin pour les chaînes martelées, qui est un tarif local.

Avis a été donné au Board of Trade conformément à la loi. Celui-ci vient, par deux arrêtés tout récents, du 23 février 1911 (6) et du 24 mai 1911, de déclarer ces tarifs obligatoires (7).

---

(1) Miss Constance SMITH. C. à la Ligue Sociale d'acheteurs le 3 mars 1911, publiée dans le *Bulletin de la Ligue*, 1911, n° 2, p. 92.

J. MALLON, *The Trade Boards Act*, dans la *The Women's Industrial News*, avril 1911, p. 55.

(2) On sait qu'elle est entrée en vigueur le 1er janvier 1910.

(3) Septembre 1911.

(4) *Labour Gazette*, février 1911, p. 44. Cette industrie des chaînes martelées compte environ 2,000 ouvriers, hommes et femmes, dans la région de Cradley-Bealk, près de Birmingham.

(5) L'inch (pouce) anglais est de 25 millimètres.

(6) *Labour Gazette*, mars 1911, p. 85 ; juin 1911, p. 203.

(7) C'est le commencement de la 3e phase, phase obligatoire. La publication des tarifs était en effet du 22 août 1910 et l'on sait qu'il faut un délai de 6 mois.

Pour les petites chaînes, le Conseil de salaires a fixé à 0 fr. 15 le minimum de paie pour les forgerons (1). Le tarif général est de 2 1/2 d., soit 0 f. 30 environ par heure : ces tarifications nouvelles constituent une augmentation de 70 à 100 % sur les salaires antérieurement payés. Le Comité a, jusqu'ici, fonctionné à la satisfaction générale et l'on espère que l'on pourra porter le salaire au temps jusqu'à 3 d. (0 fr. 35 environ) (2).

Tels sont les seuls résultats officiels actuellement connus.

Une difficulté assez curieuse s'éleva quand on vint à promulguer le nouveau tarif.

La nouvelle loi a provoqué la formation spontanée de groupements professionnels de patrons et d'ouvriers. En dehors des patrons de la fabrication de la chaîne, déjà syndiqués, un petit nombre de patrons non syndiqués, dans la région de Kradley, se sont associés à un groupement de middlemen, cherchèrent à différer l'application de la loi (3) en signant avec leur personnel une convention écrite. Le personnel refusa de signer la convention proposée ; les patrons répliquèrent par un lock-out qui dura quatre mois. Soutenus par le public, les ouvriers triomphèrent (4).

----

(1) Paul Louis. Un problème social, *Rev. Bleue*, 31 déc. 1910.

(2) Renseignements particuliers dus au secrétaire de la National Anti Sweating League.

(3) On sait en effet que le tarif n'est pas obligatoire pendant un délai de six mois pour le patron qui réussit à faire avec ses ouvriers une convention écrite : certains patrons espéraient ainsi en faisant signer une convention de ce genre à leurs ouvrières, accumuler pendant les six mois un gros stock de chaînes martelées et se débarrasser ensuite de leur personnel.

(4) De même, dans la branche du marteau à pédale où dominent les ouvriers du sexe masculin, pareille tentative échoua après un lock-out de quinze jours.

Cette première victoire a évité l'échec dans la première application de la loi, — échec qui eût risqué de compromettre tout son fonctionnement.

Les autres bureaux sont constitués et n'ont pas encore déterminé de tarifs définitivement obligatoires.

Dans l'industrie des boîtes en papier (paper box making) (1) le comité a donné communication, au Board of Trade, du projet de réglementation des salaires (2), le 1er septembre 1911.

Le salaire minimum au temps, dans toute l'industrie, pour les ouvrières à domicile comme pour les ouvrières en fabrique (3), sera de 3 d. par heure (4).

Ces salaires doivent se payer net, sans aucune déduction ni retenue.

Les apprenties recevront le salaire minimum au temps suivant :

Pr la 1re période de 6 mois d'emploi : 4 s. 0 d. par semaine

2e	—	—	—	5 s. 0 d.	—
3e	—	—	—	6 s. 0 d.	—
4e	—	—	—	8 s. 0 d.	—
5e	—	—	—	9 s. 0 d.	—
6e	—	—	—	10 s. 6 d.	—

---

(1) C'est là une industrie assez importante dont les ateliers sont répandus dans un grand nombre de villes en Angleterre, dans le Pays de Galles et en Ecosse.

(2) *Labour Gazette*, sept. 1911, p. 327.

(3) A l'exclusion des femmes qui sont employées dans le métier à un ouvrage extraordinaire ou à titre d'aides. (In work incidental or ancillary).

(4) Un avis antérieur d'avril 1911, proposait les étapes suivantes :
2 d. 3/4 par heure jusqu'au 31 janvier 1912.
3 d. par heure à partir du 1er février 1912.
3 d. 1/4 par heure à partir du 1er février 1913. Les représentants des patrons n'avaient pas accepté ce dernier échelon.
Labour Gazette, avril 1911, p. 125. Cet avis a été retiré et remplacé par celui analysé au texte.

Les tarifs hebdomadaires ci-dessus s'entendent de la semaine de 52 heures, mais ils sont sujets à réduction ou augmentation proportionnelle, selon que le travail effectivement fourni par l'apprentie n'atteint pas ou dépasse 52 heures (1).

Un délai de 3 mois pour les objections court à dater du 4 septembre 1911.

Un Comité de salaires, formé de 13 membres, quatre représentants du patron, quatre représentants des employés, quatre membres nommés par le Board of Trade et un président, vient d'être tout récemment constitué pour l'Irlande (2).

De même dans l'industrie du finissage de la dentelle (3), le Comité a donné avis, le 19 août 1911 (4), du salaire minimum au temps de 2 3/4 d. l'heure (5) pour toutes les fabrications dans le métier désigné et d'un tarif minimum général aux pièces pour certaines opérations du métier. On espère là encore une réelle amélioration dans les conditions du travail.

Enfin, dans l'industrie du vêtement en gros, tout fait et sur mesure (6), on s'est borné d'abord au vêtement

---

(1) Une amélioration importante obtenue par le Comité de salaires est de faire payer 6 d. (environ 0 fr. 70) toute ouvrière passant une partie de la journée à la fabrique (matin ou soir) et se mettant à la disposition du patron sans remporter de l'ouvrage. C'était en effet un abus fréquent que ces attentes et pertes de temps sans donner d'ouvrage aux ouvrières.

(2) *Labour Gazette*, sept. 1911, p. 327.

(3) Cette industrie occupe environ 10.000 femmes à Nottingham. Le problème y est plus délicat à cause de la concurrence étrangère de la France, de la Suisse et aussi de l'Allemagne.

(4) *Labour Gazette*, sept. 1911, p. 327.

(5) On constatait des salaires de 0 fr. 10 pour deux ou trois heures de travail.

(6) C'est assurément la plus importante des industries actuellement réglementées.

d'hommes, et le comité nommé au début de 1911 n'a pas encore abouti.

Il a décidé de consulter, avant toute fixation du minimum de salaires, les sept comités du district. On espère qu'il aura comme les autres une action efficace.

Au total, la prudence que nous constatons dans l'application de la législation anglaise est manifeste. S'il est prématuré d'affirmer, sauf pour l'industrie des chaînes, un relèvement général des salaires, on peut tout au moins, en présence du mouvement de groupement et d'association qu'elle a provoqué, constater à son actif un important et précieux succès, gage probable du succès définitif.

CONCLUSION

Ma tâche est achevée et on voudra bien excuser les dimensions de ce rapport peut-être un peu long.

Dans quelle mesure ces deux législations australasienne et anglaise sont-elles utilisables pour notre France? C'est ce que les discussions de l'Association pour la protection légale des travailleurs auront à déterminer.

Vous permettrez cependant à votre rapporteur de dégager encore la conclusion qui lui semble s'imposer.

L'étude qui précède a mis en lumière, semble-t-il, une double affirmation :

D'abord, *la législation sur le minimum de salaires est bien une réalité* : le double édifice que nous venons de regarder est une réponse péremptoire par lui seul — *Mole sua stat* — aux timides, aux hésitants, aux négateurs *a priori* d'une intervention efficace dans le redoutable problème du travail à domicile. Quoi qu'on dise et quoi qu'on objecte, c'est un fait qu'un minimum obligatoire de salaires existe aujourd'hui dans deux pays :

l'Angleterre et l'Australie, qui, nous l'avons vu, n'ont pas l'air pour cela de s'en trouver plus mal. L'expérience est faite et la législation à établir en France est possible. L'idée nouvelle a trouvé sa voie par le biais du contrat collectif obligatoire. Sur ce premier point aucune contestation ne paraît possible : l'expérience australasienne comme l'expérience anglaise ont au moins ce très grand mérite d'avoir lumineusement établi l'intervention efficace du législateur.

Ensuite — et cette seconde leçon des faits est peut-être plus importante encore que la première — *le législateur australasien comme le législateur anglais a cherché à intervenir le moins possible*. Cette soumission aux faits, cette confiance dans l'initiative individuelle soutenue et stimulée par la loi sont, nous y avons insisté, des caractéristiques essentielles du tempérament anglo-saxon. De loin l'œuvre paraît entièrement artificielle, je veux dire fabriquée de toutes pièces et imposée d'autant; de près elle est surtout réaliste, c'est-à-dire pénétrée de la spontanéité des forces patronale et ouvrière qu'elle met en présence et sur lesquelles elle compte avant tout pour réaliser son œuvre (1). Tout dans les législations que nous venons d'analyser accuse cette intention : souplesse du mécanisme, délais accordés, application progressive des tarifs, variété dans la composition des comités. D'un mot — et la chose est manifeste surtout pour l'Angleterre — le contrat collectif légal qu'on impose n'est dans ses détails que l'imitation aussi exacte que possible du contrat collectif libre malheureusement inexistant dans les

---

(1) Ceci résulte jusqu'à l'évidence de toute la discussion parlementaire anglaise : le bill est toujours présenté, soit aux Communes, soit aux Lords, comme un mécanisme artificiel analogue à celui qu'a su constituer l'industrie libre.

industries visées par suite du manque d'organisation professionnelle. De là encore un enseignement précieux, une direction générale pour la solution française du problème que nous cherchons : il faut, dans la mesure du possible, orienter la réforme dans le sens des réalités existantes, renoncer peut-être à l'élection d'un comité constitué de toutes pièces s'il n'est pas possible dans telle ou telle industrie sweater, s'appuyer sur le conseil des prud'hommes comme le font les derniers projets français, en un mot obéir aux données de fait du problème qui s'imposent.

Ici, sans doute, sera vraie une fois de plus la grande parole de Bacon : « On ne commande à la nature (à la nature inanimée comme à la nature sociale) qu'en lui obéissant. »

Oser et obéir aux faits, tels sont les deux conseils de l'expérience étrangère.

B. RAYNAUD.
Professeur à la Faculté de Droit
de l'Université d'Aix-Marseille

Orléans. — Imp. Auguste GOUT et Cⁱᵉ.

TABLEAU DE LA LÉGISLATION AUSTRALASIENNE (Législation actuelle)

	VICTORIA	NOUVELLE-GALLES DU SUD	AUSTRALIE DU SUD	QUEENSLAND
Textes en vigueur	Loi du 6 octobre 1905. (The Factories and Shops Act. 1905.)	Loi du 24 avril 1908. (Industrial Disputes Act).	Loi du 21 décembre 1907. An act to consolidate and amend the Law relating to Factories and for other purposes.	Loi du 15 avril 1908. An Act. to make provision for Wages Boards.
Industries originairement visées dans la loi	Vêtements. Effets d'habillements. Meubles. Boulangerie. Chaussures. Chemiserie.	60 professions énumérées dans la cédule A, annexée à la loi.	Vêtements. Lingerie. Chaussures. Meubles. Boulangerie.	Toutes industries.
Modes d'extension de la loi . . .	Résolution des deux Chambres.	Proposition de la Cour d'arbitrage dans les limites des industries visées par la cédule.	Vote spécial du Parlement.	Décision du Gouverneur sur demande des employeurs ou des employés.
Nom officiel des Comités	Special Boards.	Board.	Wages Board.	Wages' Board.
Composition des Comités	Nomination par le Gouverneur, sauf protestation du 1/5 des patrons ou du 1/5 des ouvriers.	Nomination par le Gouverneur sur présentation, par la Cour industrielle, des personnes élues respectivement par les employeurs et employés.	Nomination par le Gouverneur, sur présentation du Ministre.	Élection. A défaut, nomination par le Gouverneur.
Nombre de membres de chaque Comité	2 à 5 membres employeurs. 2 à 5 membres employés. Un président nommé par le Gouverneur en conseil, sur présentation des membres du Comité, pris *en dehors du Comité.*	1 à 5 membres employeurs. 1 à 5 membres employés. Un président, nommé par le Gouverneur, pris *dans le Comité.*	2 à 5 membres employeurs. 2 à 5 membres employés. Un président nommé par le Gouverneur, sur présentation des membres du Comité, pris *en dehors du Comité.*	1 à 5 membres employeurs. 1 à 5 membres employés. Un président nommé par le Gouverneur en conseil, sur présentation des membres du Comité, *en dehors de ce Comité.*
Attributions, et pouvoirs de ces Comités	Fixation du minimum légal des salaires. Tarifs au temps et aux pièces. Fixation de la proportion du nombre des apprentis et des volontaires par rapport au nombre total des ouvriers.	Fixation du minimum légal de salaires. Tarifs au temps et aux pièces. Fixation du nombre des apprentis et des volontaires par rapport au total des ouvriers. Autorisation de salaires inférieurs au minimum, pour les ouvriers âgés, infirmes ou très lents.	Fixation d'un minimum légal de salaires. Tarifs au temps et aux pièces. Fixation de la durée maxima des heures de travail par semaine. Fixation du nombre des volontaires par rapport au total des ouvriers.	Fixation du minimum légal de salaires. Tarifs au temps et aux pièces. Fixation du nombre des apprentis et des volontaires, par rapport au nombre total des ouvriers.
Contrôle des décisions du Comité	Cour d'appel. Droit pour le Gouverneur de suspendre les décisions des Comités.	Cour d'arbitrage industriel.	Cour d'appel en matière industrielle.	Droit pour le Gouverneur de suspendre les décisions des Comités.
Sanctions	1re infraction, amende 10 £. 2e — — 5 à 25 £. 3e — — 50 à 100 £.	Amende de 50 £ et emprisonnement de trois mois au plus.	1re infraction, amende de 2 £. Récidive, amende de 1 à 10 £.	1re infraction amende de 10 £. au maximum. 2e — — 5 à 25 £. 3e — et suivantes, 50 à 100 £.

Documents manquants (pages, cahiers...)
NF Z 43-120-13